Pour Isabelle, ma Nova à moi.
H.É.

Pour Anaïs et nos deux petits mecs d'amour !
M.R.

PEFC
10-31-2065

Mise en couleurs : Aurélie Lecloux et Kaan Erdogan

18 rue Barbès, 92129 Montrouge - France
ISBN : 979-10-363-4425-1
Dépôt légal : janvier 2022
Loi n° 49.956 du 16 juillet 1949
sur les publications destinées à la jeunesse.

Imprimé en France par Pollina - 40301

www.bd-kids.com

HERVÉ ÉPARVIER

PRÉHISTORIC RICK

MICKAËL ROUX

BD KIDS

MONTAGNES
DES NEIGES ÉTERNELLES
CHEZ LES AUTRES
COLLINE DES DEUX CHÊNES
CHEZ NOUS
PRAIRIE AUX FLEURS
ÉTANG DE L'OLIVETTE
VOLCAN
DE LA TÊTE
D'OR
GRAND LAC

MONT MYSTIQUE
PLAINE AUX MAMMOUTHS
RIVIÈRE
AUX SAUMONS
FORÊT DES
ESPRITS
CHAMP DE FRAISES
VALLÉE
AUX BISONS
TERRITOIRE INTERDIT...
DANGER!
PETIT LAC
MOYEN LAC

Foodball

T'ES PRÊT, REX ? JE T'ENVOIE LE BALLON, TU L'ATTRAPES ET APRÈS, TU FAIS UNE PASSE À ZIGGY... T'AS COMPRIS ?
ZUGGA !
POGBA !
EUUUH... BON... JE CROIS QU'ON VA PLUTÔT JOUER À CACHE-CACHE.
CRUNCH !
CRUNCH !
CRUNCH !

Trop de joie !

EH LES COPAINS ! ET SI ON S'ENTRAÎNAIT AU TIR À L'ARC, HEIN ?
SUPER IDÉE ! T'ES OK, REX ?
ZUGGA !
ZUGGA !
SPONK
REX, IL FAUDRAIT QUE TU APPRENNES À CONTRÔLER TON ENTHOUSIASME !

Insectivosaurus-Rex

Ziggyllaume Tell

Bien vu !

TU VOIS, C'EST FACILE... ALLEZ, À TOI!
TCHAK!
TCHAK!
TCHAK!
TCHAK!
PPPFFF... C'EST TROP DUR, J'Y ARRIVERAI JAMAIS...
ATTENDS ZIGGY, J'AI UNE IDÉE...
AH BAH VOILÀ! LÀ, JE DIS OUI!

Presque

ALLEZ ZIGGY, VISE LA CIBLE...
D'ACCORD... EUUUH... ESSAIE ENCORE EN VISANT UN PEU PLUS DEVANT TOI, OK ?

Même pas mal

POC!
POC!
POC!
POC!
ÔTE-MOI D'UN DOUTE, ZIGGY... JE T'AVAIS BIEN DEMANDÉ D'AIGUISER LA POINTE DES FLÈCHES, N'EST-CE PAS ?
HEIN ? QUOI ? QUI ? MOI ? EUUUH...

Coup de foudre

Intuition masculine

R + N = AE

T'ES SÛR, RICK ? T'ES VRAIMENT PAS AMOUREUX DE NOVA, HEIN ?
MAIS NON, VRAIMENT PAS ! ET PIS, TU M'AGACES À ME DEMANDER ÇA TOUT LE TEMPS !...
JE ME FICHE D'ELLE, VOILÀ, T'ES CONTENT ?

Même pas drôle

Raté !

EH BONO ! TU PEUX VENIR ? RICK VEUT TE PARLER.
BAH JE SUIS LÀ, QU'IL VIENNE.
NON TOI, VIENS...
LÀ !
«LÀ» ? MAIS JE SUIS «LÀ» !
NON, JE VEUX DIRE LE «LÀ» D'ICI... «LÀ», QUOI !
«ICI» ? «LÀ» ? TU ME FATIGUES, ZIGGY !... SI RICK VEUT ME PARLER, IL SAIT OÙ ME TROUVER.
JE CROIS QU'IL S'EST DOUTÉ DE QUELQUE CHOSE.
PPFFF...

Urgence ménagère

Jamais contente

Partage équitable

Double personnalité

Zuggâteau d'anniversaire

Ball-trap

BAH... IL VA OÙ, COMME ÇA, AVEC LES ASSIETTES ?
CERTAINEMENT LES LAVER À LA RIVIÈRE...
TOUJOURS PRÊT À RENDRE SERVICE, NOTRE GENTIL P'TIT GARS !
PLUS HAUT, ZIGGY ! PLUS HAUT !
HOP !

Allumer le feu !

Self-control

OUUUH ! OUUUH !

PPPFFF... CES LOUPS QUI HURLENT À LA MORT, ÇA M'EMPÊCHE DE DORMIR, MOI !
OOUUUUUH...
BOUGE PAS... JE VAIS LEUR DEMANDER DE LA BOUCLER, TU VAS VOIR !
EH LES LOUPS, APPROCHEZ, J'AI DEUX MOTS À VOUS DIRE !
OUUUUUH !!
OUUUH !
EUUUH... OUI, NON, EN FAIT, JE SAIS PAS PARLER LE LOUP... HUM...

Qui est là ?

EH ROCK, TU DORS ? EH ? T'AS ENTENDU CE BRUIT ?
J'AI PEUR, ROCK... TU PEUX ALLER VOIR ? HEIN ? TU PEUX ?
HEIN ? QUOI ? TU ME PARLES, LUCY ?
ROCK ? T'ES LÀ ?
BEN OUI ! TU VEUX QUE JE SOIS OÙ ?
MAIS ALORS, LÀ, C'EST QUI ?
AAARRRGGGH !

Portrait-robot

Présentation

AH, MAIS VOUS SAVEZ, CE NE SERAIT PAS SURPRENANT. COURAGEUX ET FORT COMME IL EST, RICK SERAIT UN BON PARTI !
NOVA, SI TU ALLAIS PÊCHER AVEC RICK PENDANT QUE JE CHASSE AVEC SON PÈRE, HEIN ?
NON.
MAIS SI. COMME ÇA, VOUS FEREZ CONNAISSANCE.
PPPFFF... D'ACCORD, MAIS À CONDITION QU'IL PORTE MON SAC... TIENS !
HUM... VOUS DISIEZ « COURAGEUX ET... » ?

Rick flac flop

Trop fort !

Slurps !

BAH!? OÙ SONT LES ASTICOTS? T'AS OUBLIÉ DE LES PRENDRE?
NON, J'EN AI PRIS UNE BOÎTE PLEINE!
C'EST ÇA, OUI! ET ILS SONT OÙ ALORS?
HEIN? EUH... BEN... JE SAIS PAS...
PFFF... ACCUSE TON COPAIN LE DINO DE LES AVOIR MANGÉS, PENDANT QUE TU Y ES!
SLURPS!

Esprit de famille

Un dino amphibie

Saute-mouton

Prise de conscience

Gare aux loups !

Lucy mène l'enquête

Sauver les apparences

Piège en kit

APPROCHE NOVA, JE VAIS TE MONTRER COMMENT FABRIQUER UN PIÈGE À LAPINS... ALORS VOILÀ...
... IL TE FAUT DU PETIT BOIS SEC ET DE LA FICELLE... TU CONSTRUIS UNE CAGE... TU L'ENTROUVRES AVEC UN LEVIER... TU POSES UNE CAROTTE DEDANS... ET TU TE CACHES EN ATTENDANT QU'UN LAPIN SE FASSE ATTRAPER... VOILÀ!
TU SAIS, P'PA, AVEC UN ARC ET DES FLÈCHES, ÇA MARCHE AUSSI TRÈS BIEN!

Préhistop-chef

Bien agiter avant emploi !

À la fraîche !

NON MAIS REX, TU PEUX PAS PASSER TES JOURNÉES COUVERT DE BOUE, ALLONGÉ PAR TERRE, À SOMNOLER EN ATTENDANT L'HEURE DE MANGER ! C'EST PAS POSSIBLE, ÇA !
AH BAH SI, EN FAIT, C'EST POSSIBLE...

Tous aux abris !

PFFFIOU, C'ÉTAIT MOINS UNE, DIS DONC !
OUAIS, ON A BIEN FAILLI ÊTRE TOUT MOUILLÉS !
ZUGGA !

Allumer le feu, le retour

Noix de cocotte

Un estomac en béton

Goinfre au carré

Séduction bouchère

Faim d'amour

MAMAN, DEVINE CE QUE RICK M'A OFFERT ?
JE SAIS PAS... UN BOUQUET DE FLEURS ?
NON, DEUX GIGOTS !
DEUX GIGOTS ?!
NON... ?! ET QU'EST-CE QUE TU EN AS FAIT ?
BEN JE LES AI MANGÉS ! TU VOULAIS QUE J'EN FASSE QUOI ?

Bon débarras !

Aujourd'hui, au Musée Préhistorique National...
Parapluie en ailes de ptérodactyle
Culotte « grand froid » doublée en poils de bison
Ballon en vessie de vélociraptor

Massue
de Cro-Magnon
Lance-pierre
en mâchoire
de renne
Doudou mammouth
en peau
de gallimimus
Gourde
à huile de phoque
Peignes néolithiques
Lampe paléolithique
à vers luisants
On sait pas
ce que c'est...
Brosse
à cheveux
hérisson

Fais un vœu

EH P'PA ? SI TU POUVAIS RÉALISER UN VŒU, LÀ, COMME ÇA, TOUT DE SUITE... TU DEMANDERAIS QUOI ?
EUUUH, JE SAIS PAS, MOI... UNE DINDE.
UNE DINDE ?! C'EST TOUT ?
MAIS FAUT AVOIR DES RÊVES PLUS GRANDS...! MOI, JE DEMANDERAIS LA PEAU DU GRAND MAMMOUTH BLANC ! OU ME MARIER AVEC NOVA ET AVOIR PLEIN D'ENFANTS ! OU ENCORE...
D'ACCORD, MAIS REGARDE...
... JE MANQUE PEUT-ÊTRE D'AMBITION, MAIS MON VŒU À MOI, AU MOINS, SE RÉALISE ! AH !
PPPFFF... OUI, BON, BEN ÇA VA, HEIN...

Contorsion animale

Un odorat Rex-traordinaire

MAIS REX ?!
JE T'AI DEMANDÉ DE «RANGER» LES ASSIETTES,
PAS DE LES «MANGER»!!!

Double ration

Faut demander

Bilingue

... ZOGGA ?
ZUGGA.
HUM... ZUCCA ?
ZUGGA !
EUH... SUGGA ?
FUGGA ?... JUGGA ?
ZUG-GA !
PFFF...
LAISSE TOMBER REX, J'Y ARRIVERAI JAMAIS...
C'EST TROP DUR DE PARLER LE «DINO» !

Pensée gourmande

Trompe-l'œil

RAAAAAA! SI JE T'ATTRAPE, RICK, J'EXPLOSE TA TÊTE DE...
BONK!
WAOUH! TU PEINS TROP BIEN, RICK!
ÇA, C'EST PAS À MOI DE LE DIRE! HÉ, HÉ!

Dites-le avec des fleurs

Que la force soit avec elle

Y croire ou pas

Question existentielle

Balade bucolique

Chacun sa technique

PLOCH!
ZBOING!
BAH QU'EST-CE QUE TU FAIS ?
TU CROIS VRAIMENT QUE C'EST LE MOMENT DE FAIRE UNE SIESTE ?

Ruse n°1

POUR APPROCHER LE LÉGENDAIRE GRAND MAMMOUTH BLANC SANS SE FAIRE VOIR, IL FAUT SE BADIGEONNER DE MIEL...
... ET SE COUVRIR ENSUITE DE FEUILLES.
COMME VOUS VOYEZ, C'EST UN CAMOUFLAGE HYPER EFFICACE...
... MAIS LE PROBLÈME, C'EST QUE LE MIEL ATTIRE LES OURS... AAAAAAAH!

Ruse n°2

... T'ES SÛR? VRAIMENT SÛR?
PUISQUE JE TE L'DIS! TU METS TA CULOTTE DE PEAU À L'ENVERS, TES BRAS EN ARRIÈRE ET TES CHEVEUX EN AVANT.
D'ACCORD, ET APRÈS?
BEN APRÈS, COMME ÇA, QUAND TU CHARGES LE GRAND MAMMOUTH BLANC, IL CROIT QUE TU RECULES, ALORS QU'EN FAIT TU FONCES VERS LUI... ÇA S'APPELLE UNE RUSE! VAS-Y POUR VOIR...
ZBONK
MOUAIS... EN FAIT, LA RUSE, ÇA DOIT PAS ÊTRE TROP NOTRE TRUC.

Transi d'amour

Méprise

LES GARÇONS, QUAND JE VOUS DISAIS QU'IL FALLAIT SE MAQUILLER POUR CHASSER LE RENARD, JE PENSAIS PLUTÔT À DU «CAMOUFLAGE»...
... PAS À «ÇA»!

Si c’est pas de l’amour, ça y ressemble !

Le face-à-face

LE GRAND MAMMOUTH BLANC !

ZIGGY, MON ARC.
LÀ... C'EST LUI...
... OU MOI.

Alors ?
Rick a-t-il tué le légendaire grand mammouth blanc ?
Deviendra-t-il le chef de sa tribu ?
Nova tombera-t-elle amoureuse de lui ?
Autant de questions auxquelles tu auras les réponses
dans le tome 4 des aventures de « Préhistoric Rick » !

REMERCIEMENTS

Tornade de câlins géants sur Isabelle, Téa & Zoé.
Buffet campagnard gratuit et desserts à volonté pour Didier Neuzeret, Sophie Vuillermet, Thierry Berbezy, Laurence Ginibre, Philippe Bérodot, Lionel Perrin, Gunilla Karlzen et Frédéric Berthelot.
Santé, bonheur et joie dans les cœurs de Terry Gilliam, Terry Jones, Graham Chapman, John Cleese, Eric Idle & Michael Palin, mais aussi Tom Hanks, Peter Pan, Pierre Richard, Michel Fugain & le Big Bazar, Jorge Mario Bergoglio, les Robins des Bois, les profiteroles au chocolat & le pâté en croûte, Alain Chabat, Pif & Hercule, Steven Spielberg, Véronique Jannot, Marcello Mastroianni, Audrey Hepburn, Daniel Balavoine, Arthur Penn, Joseph Coudreau, Claudia Cardinale, Pierre Étaix, les yeux de Sainte-Lucie de la plage du Club à Anglet, Giacomo Agostini, les Demoiselles de Rochefort, Michel Audiard, Bruce Lee et les Castors Juniors.
Cabriole enthousiaste à Michel Poiccard, Ferdinand Griffon, Mike Gaucher, Louis Mahé, Nicolas Philibert, Léo Brassac et Josselin Beaumont.
Danse de la joie pour Mickaël Roux, Aurélie Lecloux et el equipo de Tourbillon.
Et enfin méga chenille de bienvenue à Timothée H. !

H.É.

Merci à vous, à toi, à elle, à lui et à l'autre ! Vous vous reconnaîtrez j'en suis sûr !!!

M.R.